Dieses Buch
gehört

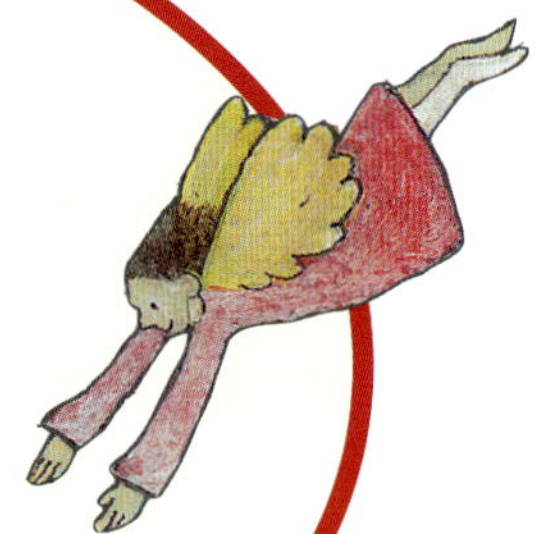

____

Reinhard Abeln / Franz Menke

Mein Buch von den Engeln

Mit Illustrationen
von Yvonne Hoppe-Engbring

Butzon & Bercker

Bibliografische Information der Deutschen Nationalbibliothek

Die Deutsche Nationalbibliothek verzeichnet diese Publikation in der Deutschen Nationalbibliografie; detaillierte bibliografische Daten sind im Internet über http://dnb.d-nb.de abrufbar.

Das Gesamtprogramm von Butzon & Bercker finden Sie im Internet unter www.bube.de

ISBN 978-3-7666-0838-3

Umschlagillustration: Yvonne Hoppe-Engbring
Umschlaggestaltung und Satz: Elisabeth von der Heiden, Geldern

Inhalt

Vorwort 6

Engel in der Bibel

Ein Engel geht voran 8
Ein Engel gibt Elija zu essen. 10
Der Engel Rafael begleitet Tobias 12
Ein Engel hilft Daniel in der Löwengrube 14
Der Engel Gabriel verkündet die Geburt des Johannes 16
Der Engel Gabriel bei Maria 18
Engel erscheinen den Hirten in Betlehem 20
Ein Engel rät Josef zur Flucht nach Ägypten 22
Engel dienen Jesus in der Wüste 24
Ein Engel tröstet Jesus am Ölberg 26
Ein Engel erscheint den Frauen am Grab 28
Ein Engel befreit Petrus aus dem Gefängnis 30

Engel als Helfer Gottes

Engel sind unter uns 32
Haben Engel Flügel? 34
Spielen Engel Schlagzeug? 36
Der Engel an der Straßenecke 38
Wenn Schutzengel schlafen 40
Wenn uns Flügel wachsen 42
Engel zum Anfassen 44
Der Engel von nebenan 46
Schick uns Engel, Gott 48

Schutzengelgebete

Morgengebete zum Schutzengel 50
Tagesgebete zum Schutzengel 52
Abendgebete zum Schutzengel 56

Vorwort

Engel sind heute „in“, das heißt viele Menschen sprechen über sie und beschäftigen sich mit ihnen. Kinder und Erwachsene lesen Geschichten und Gedichte über Engel, sehen sie auf Kunstwerken, in Filmen, in der Werbung und hören von ihnen in der Musik.
Die Bibel spricht an über 350 Stellen von den Engeln, schildert sie als Boten Gottes, die den Menschen etwas auszurichten haben.
In diesem Buch werden die schönsten und bekanntesten Engelgeschichten aus der Bibel nacherzählt. Du erfährst auch davon, wie viel Gutes Engel als Helfer Gottes für die Menschen bewirken – und dass wir alle „Engel“, „Boten Gottes“, füreinander sein können.
Mit den Gebeten kannst du deinen Schutzengel bitten, dich jeden Tag zu begleiten und dir beizustehen.
Wie geheimnisvoll die Welt der Engel ist, siehst du auch auf den schönen Bildern von Yvonne Hoppe-Engbring.
Ich wünsche dir, dass du immer wieder Gottes Schutz und Nähe durch seine Engel erfährst und vielleicht auch immer öfter selbst als Engel Gottes tätig bist, wenn du Gottes Liebe zu den Menschen – deinen Eltern, Geschwistern, Großeltern, Freunden – trägst.
Viel Freude an diesem Buch wünschen dir

Reinhard Abeln und Franz Menke

Engel in der Bibel

Ein Engel geht voran

Eine der spannendsten Geschichten im Alten Testament ist die von der Flucht der Israeliten aus Ägypten:

Die Israeliten waren vor rund dreieinhalb tausend Jahren wegen einer Hungersnot aus ihrem Land weggegangen an den Nil, wo genügend Korn für alle Menschen wuchs. Doch die Ägypter unterdrückten die Flüchtlinge mit der Zeit immer mehr und behandelten schließlich die Israeliten als Sklaven.

Damals beauftragte Gott einen Mann mit dem Namen Mose, das Volk Israel wieder nach Hause zu führen. Mitten in der Nacht brach das Volk auf, und der Engel Gottes ging dem Zug der Menschen voran.

Plötzlich merkten die Israeliten, dass die Ägypter mit Pferden und Streitwagen die Verfolgung aufgenommen hatten, und ihre Angst war groß. Sofort erhob sich der Engel Gottes und ging an das Ende des Zuges, um sich als Schutz hinter die Israeliten zu stellen.

Gerade noch rechtzeitig schaffte es Mose, die Menschen mit Gottes Hilfe durch das Rote Meer zu führen, und die Flucht gelang.

Nach Buch Exodus, Kapitel 13,17–14,31

Ein Engel gibt Elija zu essen

Es gab eine Zeit, in der die Israeliten nicht auf Gott hörten und vieles taten, was Gott nicht gefiel. Da kam Elija zu ihnen. Er war ein Prophet, der Gott über alles liebte und von ihm erzählte. Aber man wollte ihn nicht hören und er musste um sein Leben fürchten.

Königin Isebel schickte einen Boten zu Elija und ließ ihm mitteilen, dass sie ihn töten lassen wolle. Da wusste Elija: Ich muss fliehen, sonst ist mein Leben zu Ende. Also machte er sich auf den Weg hinaus in die Wüste, fort von den Menschen. Einen Tag lang wanderte er ohne Pause. Als es dunkel wurde, hielt er an und setzte sich müde und erschöpft unter einen Strauch.

Dann betete Elija zu Gott: „Herr, hörst du mich? Ich kann nicht mehr. Die Leute wollen nichts von dir und deinem Propheten hören.

Nun ist es genug. Gott, nimm mein Leben und lass mich sterben!“ Dann schlief Elija ein.

Da sandte Gott einen Engel zu Elija. Der Engel berührte seinen Arm und sagte zu ihm: „Steh auf und iss!“ Elija wachte auf und sah neben sich geröstetes Brot und einen Krug Wasser. Er aß und trank und legte sich wieder schlafen.

Der Engel Gottes kam ein zweites Mal, rührte ihn an und sagte zu ihm: „Steh auf und iss! Sonst ist der Weg zu weit für dich!“ Da stand Elija auf, aß und trank und machte sich auf den Weg. Durch die Speise des Engels gestärkt und ermutigt, wanderte er nun vierzig Tage und vierzig Nächte, bis er zum Gottesberg Horeb kam. Dort hörte Elija in einem leisen Wind Gottes Stimme.

Nach erstes Buch der Könige, Kapitel 19

Der Engel Rafael begleitet Tobias

Tobit und Hanna lebten vor langer Zeit in Israel. Sie hatten einen Sohn: Tobias.
Eines Tages sagte Tobit, der durch ein Unglück blind geworden war: „Mein Sohn, ich habe einem Mann weit weg von hier viel Geld geliehen. Nun bin ich alt. Geh du für mich hin und hole mir das Geld zurück!"
Der Weg war weit und gefährlich. Deshalb suchte Tobias einen Reisegefährten. Er fand einen jungen Mann, der ihn gern begleiten wollte. Dieser junge Mann war ein Engel, den Gott ihm geschickt hatte, damit er ihn beschütze. Doch Tobias wusste das nicht.
Als die beiden loszogen, sprach Tobit seinen Segen über sie: „Gott behüte euch auf eurer Reise und sein Engel begleite euch!"
Bald kamen die beiden an einen Fluss. Tobias stieg ins Wasser, um zu baden. Da schoss plötzlich ein großer Fisch hervor. Der Engel rief: „Pack den Fisch und zieh ihn heraus!" Tobias tat dies. Dann sagte der Engel: „Nimm den Fisch aus und bewahre die Galle gut auf! Wenn man die Augen eines Blinden damit bestreicht, wird er sehend."
Dann zogen sie weiter. Der Engel begleitete Tobias sicher und tat ihm viel Gutes.
Als sie nach langer Zeit heimkehrten, freuten sich Tobit und Hanna. Tobias nahm von der Galle des Fisches und bestrich damit die Augen seines Vaters. Da konnte Tobit wieder sehen.
Weil nun die Reise beendet war und der junge Mann Tobias so viel Gutes getan hatte, wollte Tobit ihn belohnen. Aber da gab er sich als Engel zu erkennen. Er sprach: „Ich bin Rafael, einer der sieben Engel Gottes. Dankt Gott und preist ihn und erzählt von seinen großen Taten."
Tobit und Tobias erschraken sehr, der Engel Rafael aber sagte: „Weil Gott es wollte, bin ich zu euch gekommen. Nun kehre ich zu ihm zurück, der mich gesandt hat." Dann sahen sie den Engel nicht mehr.

Nach Buch Tobit, Kapitel 4–12

Ein Engel hilft Daniel in der Löwengrube

Daniel war ein hoher Beamter des mächtigen Königs Darius von Babylon. Eines Tages erließ Darius auf Drängen seiner Diener ein neues Gesetz: „Jeder, der Gott oder einen Menschen anbetet, wird in die Löwengrube geworfen. Denn alle im Land Babylon dürfen nur den König anbeten!"

Daraufhin beteten alle Menschen im Land zu König Darius. Nur einer gehorchte nicht: Daniel. Denn Daniel glaubte an Gott und kniete dreimal am Tag nieder, um zu Gott zu beten.

Als die Diener des Königs das sahen, gingen sie zu König Darius und sagten: „Daniel gehorcht deinem Gesetz nicht. Er betet zu seinem Gott und nicht zu dir. Sollen wir ihn den Löwen vorwerfen?"

König Darius wurde sehr traurig. Denn er mochte Daniel und wusste, dass er ein guter Mensch war. Aber die Diener bedrängten den Körnig, das Gesetz einzuhalten. Sie wollten, dass Daniel in der Löwengrube sterben musste. Der König ließ Daniel noch einmal zu sich kommen und sagte zu ihm: „Daniel, möge dein Gott, zu dem du so oft betest, dich retten!"

Dann wurde Daniel zu den brüllenden und hungrigen Löwen geworfen. Der König konnte die ganze Nacht nicht schlafen aus Sorge um Daniel, den er so gern vor der Löwengrube bewahrt hätte. Am nächsten Morgen ging er ganz früh zu der Grube und rief: „Daniel, hat dir dein Gott geholfen?" Da hörte er Daniels Stimme: „Ja! Mein Gott hat mir seinen Engel gesandt und den Rachen der Löwen verschlossen. Deshalb konnten sie mir nichts tun! Der Engel Gottes hat mich beschützt."

Jetzt freute sich der König. Er ließ ein neues Gesetz machen, in dem stand: „Alle Menschen in Babylon sollen wie Daniel zu Gott beten. Denn Gott hat Daniel geholfen. Er ist ein großer und mächtiger Gott!"

Nach Buch Daniel, Kapitel 6,2–29

Der Engel Gabriel verkündet die Geburt des Johannes

Vor über 2000 Jahren war König Herodes Herrscher über das Land der Juden. Damals lebte auch ein alter Priester mit Namen Zacharias; seine Frau hieß Elisabet. Beide waren fromme und gute Menschen. Sie dienten Gott und befolgten treu seine Gebote.
Zacharias und Elisabet waren schon sehr alt. Ihr Wunsch, Kinder zu bekommen, hatte sich nicht erfüllt. Darüber waren sie sehr traurig. Wie oft hatten sie sich im Gebet an Gott gewandt und ihm gesagt, „Lieber Gott, schenk uns doch ein Kind!"
Eines Tages ging Zacharias in den Tempel von Jerusalem, um dort zu beten und Gott Opfer zu bringen. Plötzlich stand neben ihm ein Engel. Zacharias bekam einen großen Schreck. Aber der Engel sagte zu ihm: „Fürchte dich nicht! Gott schickt mich zu dir. Er hat euer Gebet erhört. Bald werdet ihr ein Kind bekommen. Ihr sollt es Johannes nennen. Er wird den Weg vorbereiten, wenn Jesus auf die Welt kommt."
Zacharias sagte zu dem Engel: ,,Wie soll ich das glauben? Meine Frau Elisabet und ich, wir sind doch viel zu alt. Wir bekommen keine Kinder mehr."
Darauf erwiderte der Engel: „Ich heiße Gabriel und bin ein Engel, der vor Gott steht. Gott hat mich gesandt, um dir zu sagen, dass ihr ein Kind bekommt. Weil du aber meinen Worten nicht glaubst, sollst du von jetzt an nicht mehr sprechen können. Du sollst stumm bleiben bis zu dem Tag, an dem das Kind geboren wird."
Darauf kehrte Zacharias nach Hause zurück. Kurze Zeit später merkte Elisabet, dass sie ein Kind erwartete. Darüber freute sie sich sehr und sagte: „Gott hat mich nicht vergessen!"

Nach Lukasevangelium, Kapitel 1,5–25

Der Engel Gabriel bei Maria

Sechs Monate nach seinem Besuch bei Zacharias kam der Engel Gabriel zu Maria. Maria war eine Jungfrau, die in Nazaret, einer kleinen Stadt im Land Israel, wohnte. Sie war verwandt mit Elisabet. Ihr Verlobter hieß Josef und war Zimmermann.
Der Engel trat in Marias Haus ein und begrüßte sie. Er sprach: „Sei gegrüßt, Maria, und freue dich, denn Gott ist mit dir!"
Maria erschrak sehr, als sie den Engel sah und sprechen hörte. Sie verstand nicht, wer er war und was er meinte, und dachte: Was hat dies wohl zu bedeuten?
Da sprach der Engel weiter zu ihr: „Hab keine Angst, Maria! Gott hat dich besonders lieb. Du wirst einen Sohn bekommen. Ihm sollst du den Namen Jesus geben. Man wird auf ihn hören, wenn er zu den Leuten spricht. Er wird ein König sein und sein Reich wird kein Ende haben."
Maria wunderte sich sehr über die Worte des Engels und fragte: „Wie soll denn das geschehen? Ich habe doch keinen Mann!"
Da antwortete der Engel: „Gottes Heiliger Geist wird das alles in dir bewirken. Darum wird dein Kind heilig sein und Sohn Gottes genannt werden. Auch deine Verwandte Elisabet erwartet ein Kind. Dabei dachten alle, dass sie keine Kinder bekommen kann. Aber für Gott ist nichts unmöglich!"
Da sagte Maria zu dem Engel: „Ich bin zu allem bereit, was Gott möchte. Es soll so geschehen, wie du es gesagt hast!"
Daraufhin verließ sie der Engel. Und Maria freute sich auf das Kind, das sie bekommen sollte.

Nach Lukasevangelium, Kapitel 1,26–38

Engel erscheinen den Hirten in Betlehem

Eines Tages wollte Kaiser Augustus wissen, wie viele Leute in seinem Reich wohnten. Er befahl: „Alle gehen in den Ort, wo sie geboren sind, und lassen sich dort in Listen eintragen!"
Auch Josef machte sich auf den Weg. Er zog von Nazaret nach Betlehem, in die Stadt des Königs David. Maria ging mit ihm.
Als sie in Betlehem ankamen, spürte Maria, dass ihr Kind bald zur Welt kommen würde. Sie suchten ein Haus zum Übernachten, aber nirgends war Platz für sie. Schließlich fanden sie einen Stall. Dort brachte Maria das Kind zur Welt. Sie wickelte es in Windeln und legte es in eine Futterkrippe.
In der Nähe des Stalls waren einige Hirten. Sie verbrachten die Nacht im Freien, um auf ihre Schafe aufzupassen. Da erschien ihnen plötzlich ein Engel und sagte: „Ich bringe euch eine frohe Botschaft. Das ganze Volk wird sich darüber freuen. Heute ist in Betlehem der Erlöser geboren. Ihr werdet das Kind in einem Stall finden. Es ist in Windeln gewickelt und liegt in einer Krippe."
Mit einem Mal waren noch viele andere Engel da. Sie lobten Gott und sangen: „Ehre sei Gott im Himmel und auf Erden soll Frieden unter den Menschen sein!"
Danach verschwanden die Engel wieder. Die Hirten sagten zueinander: „Auf! Wir wollen nach Betlehem gehen und sehen, was geschehen ist!" Und sie liefen ganz schnell.
In Betlehem fanden sie Maria, Josef und das Kind, das in der Krippe lag. Die Hirten erzählten, was ihnen der Engel gesagt hatte. Maria wunderte sich über ihre Worte und überlegte, was sie zu bedeuten hätten.

Nach Lukasevangelium, Kapitel 2,1–20

Ein Engel rät Josef zur Flucht nach Ägypten

Bald nachdem Jesus geboren war, kamen von weit her weise Männer nach Betlehem. Sie waren Sterndeuter. Ein Stern am Himmel hatte ihnen den Weg zur Krippe gezeigt. Die Männer beteten das Jesuskind an und schenkten ihm Gold, Weihrauch und Myrrhe. Dann reisten sie in ihre Heimat zurück.
Kurz darauf hatte Josef einen Traum. Ein Engel Gottes sagte ihm: „Schnell, Josef! Nimm das Jesuskind und Maria und flieh mit ihnen nach Ägypten! Herodes sucht das Kind, um es zu töten. Ich werde dir sagen, wann du wieder zurückkehren kannst!"
Da stand Josef auf und floh mit Maria und dem kleinen Jesus nach Ägypten.
Herodes, der König von Jerusalem, hatte Angst, dass es außer ihm noch einen anderen König geben könnte. Er wollte allein der König sein. Deshalb schickte er seine Soldaten nach Betlehem. Dort und in der ganzen Umgebung mussten sie alle kleinen Jungen töten, die noch nicht zwei Jahre alt waren.
Es war furchtbar, was sich in den Straßen und Gassen von Betlehem abspielte. Laut weinten und klagten die Mütter über ihre toten Kinder. Dann kehrten die Soldaten nach Jerusalem zurück. Herodes war froh und dachte: „Jetzt ist Jesus tot. Nun habe ich keinen Rivalen mehr."
Nachdem Herodes gestorben war, erschien der Engel Gottes Josef wieder im Traum. Er sagte: „Steh auf, nimm das Kind und seine Mutter und zieh fort aus dem Land der Ägypter, denn Herodes ist tot."
Darauf kehrte Josef mit Maria und Jesus nach Nazaret zurück. Nun konnten sie sicher dort leben.

Nach Matthäusevangelium, Kapitel 2,13–23

Engel dienen Jesus in der Wüste

Als Jesus ungefähr dreißig Jahre alt war, ging er für vierzig Tage in die Wüste. Dort betete und fastete er und die ganze Zeit aß und trank er nichts. Danach hatte er großen Hunger und Durst.
Da kam der Satan und wollte Jesus auf die Probe stellen. Er sagte zu ihm: „Wenn du der Sohn Gottes bist, dann lass aus diesen Steinen, die hier herumliegen, Brot werden! Dann hast du keinen Hunger mehr."
Jesus antwortete: „Nein, das mache ich nicht! Denn der Mensch lebt nicht nur vom Brot, sondern von jedem Wort, das von Gott kommt."
Der Satan versuchte es noch einmal. Er nahm Jesus mit nach Jerusalem und stellte ihn auf die höchste Stelle des Tempels. Dann sprach er: „Wenn du der Sohn Gottes bist, so spring hier herunter! Es steht doch in der Bibel geschrieben, dass du nicht einmal deinen Fuß an einen Stein stoßen wirst. Es werden Engel Gottes kommen und dich tragen."
Jesus entgegnete ihm: „Es steht aber auch geschrieben: Du sollst den Herrn, deinen Gott, nicht herausfordern."
Jetzt nahm der Satan Jesus mit auf einen sehr hohen Berg. Von dort aus zeigte er ihm die ganze schöne Welt. Er sagte zu ihm: „Dies alles will ich dir geben, wenn du niederkniest und mich anbetest!"
Doch Jesus antwortete: „Geh weg, Satan! Ich werde dich nicht anbeten. Denn in der Bibel steht: Du sollst nur Gott anbeten und ihm allein dienen." Da wagte der Satan nicht mehr, Jesus in eine Falle zu locken. Er ließ ihn in Ruhe und verschwand. Dann kamen Engel zu Jesus und dienten ihm.

Nach Matthäusevangelium, Kapitel 4,1–11

Ein Engel tröstet Jesus am Ölberg

Das größte Fest der Juden ist das Paschafest. Zu diesem Fest gehört ein feierliches Mahl. Auch Jesus setzte sich in Jerusalem mit seinen Freunden zusammen, um mit ihnen zu essen und zu trinken. Er sagte: „Ich habe mir sehr gewünscht, noch einmal dieses Mahl mit euch zu halten. Denn bald werde ich sehr leiden müssen."
Als sie das Mahl beendet hatten, ging Jesus hinaus zum Ölberg, um dort zu beten. Seine Freunde begleiteten ihn. Es war schon Nacht. Nach einiger Zeit kamen sie in einen großen Garten, der Getsemani heißt. Jesus sagte zu seinen Freunden: „Ich will nach dort drüben gehen und beten. Wartet auf mich! Betet ihr auch und bleibt wach!"
Jesus ging tiefer in den Garten hinein, ungefähr einen Steinwurf von seinen Freunden entfernt. Dann kniete er nieder und betete: „Vater, lass doch nicht zu, dass ich so leiden muss! Aber nicht, was ich will, soll geschehen, sondern was du willst." Jesus hatte sehr große Angst. Er schwitzte und sein Schweiß fiel wie Blutstropfen auf die Erde.
Da erschien plötzlich ein Engel. Der Vater im Himmel hatte ihn geschickt. Der Engel tröstete Jesus und gab ihm neue Kraft.
Dann ging Jesus zu den Jüngern zurück. Sie schliefen. Sie konnten nicht wach bleiben, so traurig waren sie. Jesus weckte sie und sprach zu ihnen: „Warum schlaft ihr? Kommt, steht auf! Betet auch ihr!"
Während Jesus noch redete, kam Judas mit einer Schar Soldaten. Diese hatten Schwerter und Knüppel in den Händen, nahmen Jesus gefangen und führten ihn zum Hohenpriester.

Nach Lukasevangelium, Kapitel 22,7–53

Ein Engel erscheint den Frauen am Grab

Jesus war am Kreuz gestorben. Da ging Josef, ein Mann aus Arimathäa, zu Pilatus und bat ihn, Jesus begraben zu dürfen. Pilatus erlaubte es ihm.

Josef nahm den toten Jesus vom Kreuz, wickelte ihn in ein Leinentuch und legte ihn in ein Felsengrab. Vor den Eingang rollte er einen großen Stein.

Der folgende Tag war der Sabbat, der siebte Tag in der Woche, ein Feiertag der Juden. Da durfte niemand eine Arbeit verrichten.

Als der Feiertag vorüber war, gingen drei fromme Frauen in aller Frühe zum Grab Jesu. Sie wollten den Toten mit kostbaren Salben einreiben, so wie es Brauch war. Aber sie hatten eine große Sorge, denn sie fragten sich: „Wer wird uns den schweren Stein vom Eingang des Grabes wegwälzen?“

Als die Frauen ankamen, sahen sie, dass der Stein schon weggerollt war. Sie gingen in die Grabeshöhle hinein. Erstaunt stellten sie fest, dass sie leer war. Als sie ganz ratlos dastanden, sahen sie auf einmal auf der rechten Seite des Grabes einen jungen Mann sitzen. Er hatte ein glänzendes weißes Gewand an. Es war ein Engel. Die drei Frauen bekamen große Angst.

Dann begann der Engel zu sprechen: „Fürchtet euch nicht! Ihr sucht Jesus von Nazaret, den sie gekreuzigt haben. Er ist nicht hier. Er ist auferstanden! Seht dort die Stelle, wo man ihn hingelegt hat! Geht jetzt zu den Jüngern und sagt ihnen: Jesus geht euch voraus nach Galiläa. Dort werdet ihr ihn sehen, wie er euch vorausgesagt hat!“

Die Frauen gingen aus der Grabeshöhle hinaus, liefen eilig in die Stadt und erzählten den Jüngern von dem Engel und dem leeren Grab.

Nach Markusevangelium, Kapitel 15–16
Nach Lukasevangelium, Kapitel 24

Ein Engel befreit Petrus aus dem Gefängnis

Die Apostel, die Freunde Jesu, verkündeten die Frohe Botschaft von der Auferstehung und wirkten im Namen Jesu viele Wunder. Da kam ein böser Herrscher auf den Thron, König Herodes Agrippa. Den Apostel Jakobus ließ er enthaupten. Auch Petrus warf er ins Gefängnis.

König Herodes ließ Petrus streng bewachen. In der Nacht, bevor der König ihn verurteilen wollte, schlief Petrus zwischen zwei Soldaten. Er war mit dicken eisernen Ketten gefesselt. Vor der Tür des Gefängnisses standen Wachen.

Plötzlich strahlte ein helles Licht in den dunklen Raum und ein Engel trat ein. Er stieß Petrus an, weckte ihn und sprach: „Schnell, steh auf!“ Da fielen die Ketten von Petrus' Händen ab und er stand auf. Der Engel sagte weiter: „Binde deinen Gürtel um, ziehe deine Sandalen an, wirf dir den Mantel über und folge mir!“

Petrus ging mit dem Engel aus dem Raum hinaus. Er glaubte, alles sei nur ein Traum. Sie kamen an den Wachen vorbei und gelangten zum großen Gefängnistor, das in die Stadt führte. Es öffnete sich von selbst. Draußen gingen beide noch ein kleines Stück zusammen. Dann verschwand der Engel.

Petrus wusste jetzt, dass er nicht träumte, dass alles Wirklichkeit war und dass Gott ihm einen Engel gesandt hatte, um ihn aus dem Gefängnis zu befreien. Sofort ging Petrus zu dem Haus, in dem viele Apostel versammelt waren und beteten.

Er klopfte an die Tür. Eine Magd, die an der Tür nachsehen sollte, sagte den Aposteln: „Petrus steht vor der Tür!“ Doch sie glaubten ihr nicht. Als sie schließlich öffneten, waren sie sehr erstaunt. Und Petrus erzählte ihnen, wie Gott ihn durch die Hand eines Engels befreit hatte.

Nach Apostelgeschichte, Kapitel 12,1–17

Engel als Helfer Gottes

Engel sind unter uns

Manchmal sagen wir zu jemand:
„Du bist ein Engel!"
Damit meinen wir:
Was du gesagt oder gemacht hast,
war ganz lieb und gut.
Manchmal sagen wir auch:
Da singt einer wie ein Engel,
oder jemand sieht aus wie ein Engel – wunderschön!

Man kann zart sein wie ein Engel
oder geduldig sein wie ein Engel.
Wenn wir jemanden ruhig, freundlich und ausdauernd
von etwas überzeugen wollen, dann heißt es:
„Wir sprechen mit Engelszungen."

Sicher hast du schon einmal erlebt,
dass beim gemeinsamen Essen plötzlich
– ohne Grund – das Gespräch verstummt.
Für einen Augenblick ist es ganz still.
Deine Großmutter sagte früher dann:
„Jetzt geht ein Engel durchs Zimmer."

Und wenn beim Spazierengehen die Sonne scheint,
freut man sich:
„Wenn Engel reisen, lacht der Himmel!"

Haben Engel Flügel?

Sind Engel Erwachsene oder Kinder?
Sind Engel Männer oder Frauen,
Mädchen oder Jungen?
Oder gibt es solche und solche?

Haben Engel Flügel?
Sind die Flügel groß oder klein,
sind sie aus Gold oder aus Federn?

Tragen Engel lange weiße Kleider?
Oder sehen Engel aus
wie ganz normale Menschen,
wie du oder ich?

Hier bei uns in Europa werden Engel
mit heller Hautfarbe gemalt,
aber in Afrika mit brauner
und in China gelblich.
Jeder hat seine eigene Vorstellung davon,
wie Engel aussehen.
Deswegen malt sie auch jeder anders.
Bestimmt hast du auch schon einen Engel gemalt.

Kennst du jemanden,
der schon mal einen Engel
mit eigenen Augen gesehen hat?
Kann man Engel überhaupt sehen?

Spielen Engel Schlagzeug?

Was machen Engel eigentlich?
Was ist ihre Aufgabe?

Spielen sie im Himmel Schlagzeug,
Harfe, Posaune und Trompete?

Helfen sie dem Christkind,
Geschenke einzupacken?

Oder passen sie auf kleine Kinder auf, die,
ohne nach links und rechts zu gucken,
über die Straße laufen?

Niemand kann sagen,
was davon stimmt und
was vielleicht nur Phantasie ist.
Es bleiben viele Fragen offen!

In der Heiligen Schrift gibt es Geschichten,
die von Engeln erzählen.
Da sind Engel die Helfer Gottes,
seine Mitarbeiter und Boten.

Die schönsten dieser Geschichten
findest du auch in diesem Buch.

Der Engel an der Straßenecke

Mal ermahnen die Engel in der Bibel, mal trösten sie.
Mal schützen, mal bestrafen, mal befreien sie.
Aber – gibt es heute auch noch Engel?

Ich meine nicht Engel als Christbaumschmuck,
nicht den „blauen Engel“ als Zeichen dafür,
dass eine Sache umweltfreundlich ist,
und auch nicht die „gelben Engel“,
die Straßenhelfer bei Autopannen.

Vielleicht hast du das schon mal so erlebt:
Zwei Mädchen spielen im Vorgarten Ball.
Auf einmal rollt der Ball auf die Straße.
Ohne aufzupassen, rennt das eine Mädchen
dem Ball hinterher.

Gott sei Dank – in diesem Augenblick
fährt kein einziges Auto die Straße entlang.
Und dem Mädchen passiert nichts.

Ein Junge hat es besonders eilig,
den Supermarkt zu verlassen.
Trotzdem hebt er noch schnell eine Bananenschale auf,
damit keiner darauf ausrutscht.
In diesem Moment fällt draußen ein Dachziegel herunter.
Sie hätte den Jungen verletzt, wäre er nur eine Sekunde
eher wieder draußen auf der Straße gewesen.

Sind das Zufälle?
Manchmal sagen wir:
Du hast einen guten Schutzengel!

Wenn Schutzengel schlafen

Nicht immer bewahren uns Schutzengel vor Schaden:
Lisa stürzt die Treppe herunter
und bricht sich ein Bein.
Tarik lebt in einer Stadt, in der Krieg herrscht.
Boganga muss in seiner Heimat in Afrika Hunger leiden.
Nuris' Dorf am Meer wurde von einer Flutwelle zerstört.
Philipp muss auf vieles verzichten,
weil sein Vater arbeitslos ist.
Christinas Eltern lassen sich scheiden,
sie ist sehr traurig deswegen.

Es gibt so viele kleine Unglücke und große Katastrophen.
Warum helfen da die Schutzengel nicht?
Niemand kann uns das sagen.

Wenn Schutzengel auch schlafen sollten:
Wir sind wach,
wir können doch auch helfen,
und zwar so gut es eben geht.

Wenn uns Flügel wachsen

Wie Engel aussehen?
Wir wissen es nicht!
Ob heute noch Engel das tun,
was die Bibel von ihnen erzählt?
Wer weiß es!

Aber wir wissen,
was die Engel für Aufgaben haben.
Und diese Aufgaben sind auch unsere!

Wenn eine mutlos ist, sie stärken.
Wenn einer traurig ist, ihn trösten.
Wenn eine einsam ist, sie besuchen.
Wenn einer bedroht wird, ihn schützen.
Wenn wir fröhlich sind, miteinander feiern.

Wenn uns auch keine Flügel wachsen,
können wir doch einander Engel sein!

Engel zum Anfassen

Es gibt immer wieder Menschen,
die sich ganz besonders
für die Sache Gottes einsetzen,
indem sie anderen Menschen helfen.
Sie sind wie Engel, die man sehen kann.

Elisabet von Thüringen, eine Königin,
hat sich vor langer Zeit um Arme gekümmert.
Johannes Bosco sorgte sich als Priester
um verlassene Kinder.
Martin Luther King, ein evangelischer Pfarrer,
kämpfte ohne Gewalt dafür,
dass schwarze und weiße Amerikaner
die gleichen Rechte bekommen.
Mutter Teresa war eine Ordensschwester,
die in Indien sterbende Menschen pflegte und begleitete.

Wir nennen diese Menschen Heilige –
und Heilige gibt es überall!
Die meisten sind gar nicht berühmt,
weil sie einfach still und ohne Aufsehen für andere da sind,
der Fluglotse, die Lehrerin, der Bauarbeiter, die Gärtnerin,
die Schwester, der Bruder, die Mutter, der Vater, die Freunde.

Lauter ganz normale Heilige – ohne Flügel.

Der Engel von nebenan

Halte Ohren und Augen auf!
Bestimmt kannst du dann Engel sehen und hören.
Und wenn du sie nicht mit den Augen sehen
und mit den Ohren hören kannst,
dann vielleicht mit deinem Herzen.

Mit dem Herzen kannst du wahrnehmen,
was deine Augen nicht sehen können,
deine Ohren nicht hören können,
deine Nase nicht riecht,
deine Zunge nicht schmeckt,
deine Hände nicht fühlen können …

Engel sind mitten unter uns!
Anders, als du sie dir möglicherweise vorstellst.
Vielleicht sind sie alt und gebückt
oder klein und frech.
Vielleicht haben sie eine tiefe Stimme
und kurze Stoppelhaare.
Vielleicht sprechen sie nicht unsere Sprache.

Du wirst einem Engel begegnen!
Vielleicht merkst du es nicht.
Aber das ist eigentlich egal,
denn wir vertrauen nicht allein auf Engel,
sondern auf den,
der uns die Engel schickt:
auf Gott, unseren guten Vater, unsere liebe Mutter.

5

Schick uns Engel, Gott

Melodie: Wiebke Trute / Text: Georg Schwikart

1. Schick uns Engel, Gott, Engel für unsre Zeit,
   die mit uns Leben teilen, die Freude und auch das Leid.

2. Schick uns Engel, Gott, Engel, die uns verstehn,
   die uns nicht alleine lassen, begleiten und mit uns gehn.

3. Schick uns Engel, Gott, Engel aus Fleisch und Blut,
   die uns Frohes von dir künden und zeigen: Du, Gott, bist gut!
   (nach der 3. Strophe)
   Schick uns Engel, Gott, Engel für unsre Zeit!

Schutzengelgebete

Morgengebete zum Schutzengel

Lieber Schutzengel,
ich grüße dich an diesem Morgen.
Ich habe gut geschlafen
und etwas Schönes geträumt.
Du hast mich beschützt.

Ich bitte dich:
Geh mit mir durch diesen Tag
und pass gut auf mich auf.
Danke für deine Hilfe.
Amen.

Beschütze heut, ich bitte dich,
du, heiliger Engel Gottes, mich.
Du hast mich lieb, ich liebe dich,
so soll es bleiben ewiglich.

Lieber Schutzengel,
begleite und behüte mich
an diesem Tag.

Bleibe bei mir,
wenn ich traurig bin,
freue dich mit mir,
wenn ich lache.
Du verlässt mich nie,
guter und treuer Engel.
Amen.

Heiliger Schutzengel mein,
lass mich dir empfohlen sein.
In allen Nöten steh mir bei
und halte mich von Sünden frei.
An diesem Tag, ich bitte dich,
beschütze und bewahre mich.
Amen.

Überliefert

Tagesgebete zum Schutzengel

Lieber Schutzengel!
Das sage ich mir jeden Tag:
Du bist mein Freund.

Das sage ich mir,
wenn ich durch das Dunkel gehe:
Du bist mein Freund.
Das sage ich mir,
wenn die Sonne brennt:
Du bist mein Freund.
Das sage ich mir,
wenn ich froh und glücklich bin:
Du bist mein Freund.
Das sage ich mir,
wenn ich traurig und krank bin:
Du bist mein Freund.

Das sage ich mir heute,
morgen und übermorgen:
Du bist mein Freund.

Unbekannter Verfasser

Liebe Engel!
Behütet die Kinder in der Welt,
behütet die Tiere auf dem Feld!
Behütet sie alle, Groß und Klein,
und lasst sie ruhig schlafen ein!

Überliefert

Lieber Schutzengel,
du bist bei mir,
wenn ich alleine zu Hause bin.
Du bist bei mir,
wenn ich die Rutschbahn
hinunterrutsche.
Du bist bei mir,
wenn ich über die Straße gehe.
Du bist bei mir,
wenn ich traurig bin.
Du bist bei mir,
wenn ich in den
dunklen Keller gehe.
Du bist bei mir,
wenn ich nachts aufwache.

Danke, guter Engel,
dass du immer bei mir bist.
Amen.

Schön, dass es dich gibt,
mein Schutzengel.

Steh mir bei,
lieber Schutzengel,
wenn alles schief geht.

Heiliger Schutzengel,
Gottes liebende Sorge hat dich
mir zum Begleiter gegeben.
Du bist sein Anruf an mein Gewissen:
Verhilf mir zu klarer Entscheidung.
Du bist seine führende Hand:
Bleibe bei mir Tag und Nacht.
Du bist sein machtvoller Arm:
Kämpfe mit mir für sein Reich.
Amen.

Gotteslob 34,1

Lieber Schutzengel,
bleibe immer bei mir
und beschütze mich –
heute, morgen
und an jedem neuen Tag.
Amen.

O Engel rein, o Schützer mein,
lass mich dir stets empfohlen sein.
Bei jedem Schritt, bei jedem Tritt
geh du, mein lieber Engel, mit.

Wo ich auch geh und wo ich steh,
sei du, mein Engel, in der Näh.
Vor der Gefahr zur Sünd bewahr
mich, heilger Engel, immerdar.
Amen.

Manchmal frage ich mich,
lieber Schutzengel,
wie du wohl aussiehst.

Auf manchen Bildern hast du
blonde Haare und Flügel.
Ich kann nicht mit dir spielen
wie mit meinen Freunden.
Aber ich habe schon viel
von dir gehört und weiß:
Du bist ein guter Engel.
Du hast mich lieb
und beschützt mich.

Du bist mein Freund
und ich will dein Freund sein.
Amen.

Heiliger Schutzengel,
auf dich schaue ich.

Heiliger Schutzengel,
auf dich vertraue ich.

Heiliger Schutzengel,
dir gehöre ich.
Amen.

Abendgebete zum Schutzengel

Lieber Schutzengel,
ich weiß,
dass die Sonne nicht schläft,
auch wenn sie jetzt untergeht.
Genauso ist es bei dir:
Du schläfst nicht,
auch wenn ich dich jetzt
nicht sehe.
Du passt in dieser Nacht
auf mich auf.
Du bist mir ganz nah.
Darüber freue ich mich
und danke dir, mein Engel.
Amen.

Wenn überall das Licht angeht
und der Mond am Himmel steht,
wenn die Taube schnell heimfliegt
und sich in ihr Nest verkriecht,
dann deck mich, lieber Engel, zu
und schenk mir eine gute Ruh.

Überliefert

Heiliger Engel, du bist hier,
bleib auch in der Nacht bei mir.
Hab mich lieb und schau mich an,
dass ich ruhig schlafen kann.

Lieber Schutzengel,
letzte Nacht hatte ich einen Traum:
Ich flog zum Fenster hinaus.
Die Luft war warm und weich
und trug mich.
Unter mir sah ich
Häuser und Wiesen,
Flüsse und Berge.
Als ich müde wurde,
habe ich mich auf eine Wolke gesetzt.
Es war schön in der Luft.

Engel Gottes, ich danke dir,
dass du im Traum bei mir warst.
Begleite mich auch durch
die kommende Nacht.
Amen.

Lieber Schutzengel,
heute Abend bin ich zu müde,
um dir viel zu erzählen.
Ich möchte dir nur sagen:
Du bist mein bester Freund.
Du bist immer bei mir
und lässt mich auch
im Dunkeln nicht allein.
Behüte und beschütze mich
in dieser Nacht.
Amen.

Mein Schutzengel,
heute war ein schlimmer Tag.
Alles ist schief gelaufen:
zu Hause, in der Schule
und auch auf dem Sportplatz.
Ich bin froh, dass der Tag vorbei ist.
Bitte, lieber Engel, bleib heute
Nacht bei mir, damit ich nicht auch
noch schlecht träume.
Amen.

Lieber Schutzengel,
sei du bei mir,
wenn ich in dieser Nacht aufwache,
wenn mein Herz klopft,
wenn ich mich fürchte.
Amen.

Heiliger Schutzengel,
halte meine Hand,
damit ich heute Abend
gut einschlafe.

Halte meine Hand,
damit ich morgen früh
froh aufwache.

Halte meine Hand,
damit ich jeden Tag
ohne Angst leben kann.
Amen.

Lieber Schutzengel,
du kennst mich.
Du hast mich lieb.
Du bist mein Beschützer.
Gut, dass du da bist.
Ich kann ruhig schlafen.
Gute Nacht, mein Engel!
Amen.

Lieber Schutzengel,
du bist bei mir und behütest mich,
wenn es Nacht wird.
Mit dir fühle ich mich sicher
und habe keine Angst.
Die Dunkelheit kann mir nichts tun,
denn du verlässt mich nicht.
Ich danke dir.
Amen.

Abends, wenn ich schlafen geh,
vierzehn Engel bei mir stehn,
zwei zu meiner Rechten,
zwei zu meiner Linken,
zwei zu meinem Kopfe,
zwei zu meinen Füßen,
zwei, die mich decken,
zwei, die mich wecken,
zwei, die mich führen
zu himmlischen Türen.

Überliefert